PENTRE DU

Pentre gwyn

MYRDDIN AP DAFYDD

CARREG GWALCH

Cynnwys

Rhestr Lluniau

Diolch

... am bob ysgogiad a chais am gerddi; heb fod
galw mi fyddai hon yn gyfrol wag iawn.

... i Olwen Fowler am ei dylunio creadigol ac
i'r ffotograffwyr am gael rhannu'u doniau

... i eraill am gael benthyca lluniau:

Eira Jones a Gwyn Williams o deulu Annie Cyfnod;
Arwyn Groe, Delyth Bryn Du a Sioned am yr
ymchwil am lun T' Isa';
Emyr Neuadd Cynhinfa am lun T' Isa';
teulu Llannerch, Pentreuchaf (llun Elin Llannerch);
Iestyn Tyne am lofnod Llew y saer;
cwmni theatr yr Old Vic, Llundain (llun Rhys Ifans);
Croeso Cymru (llun yr Ail Bont dros Hafren)

Myrddin ap Dafydd
Mai 2019

Cloddio

Mae'r digar acw'n aros yn ei gae,
 ei fraich gam yn dangos
egni wedi'i ddal gan nos.

Cab gwag, a ffos heb ei hagor i'w phen,
 gwaith ffarm wedi'i hepgor;
hyn o rwyg a dim rhagor.

Cae mud lle bu cymydog, nos a dydd
 yn stond a diysgog
yn y glaw ar ros gleiog.

Nos ydoedd ddaeth yn sydyn a gorwel
 y gŵr yn cau wedyn
a du heddiw ei dyddyn.

Ai ar y rhos mae'r ffarwél yn aros?
 Dim ond peiriant tawel
yn ateb gyda'i fetel.

Cobyn

Carnau simsan sydd odana'i; – mae ofn
 y cae mawr reit drwydda'i
a niwl yw'r hyn a wela'i.
 Be wêl Mam yw ebol Mai.

Linda

Wrth iti gyhoeddi dy gyfrol Seidir Ddoe

Ti'n canu fel ti'n siarad: heb hen lol,
heb wefus fain, heb sioe na ffigarîns;
dy nodau fel pedolau merlen trol
neu delyn Nansi, mewn crys-T a jîns.
Fel gwynt drwy'r ceirch, neu ffliwtydd Mai'n y llwyn,
ti'n gwneud i lais y galon swnio'n hawdd;
mae Elfed a Merêd a Maldwyn fwyn
yn llifo drwy dy gân fel pistyll clawdd.
Ac rwyt ti'n siarad fel ti'n canu, dweud
dy ddweud yn ffordd agored Top y Rhos
wrth ddiolch am yr hyn sydd yn dy wneud
yn ti dy hun. Ti'n seidar siarp ar nos
o haf ym Meifod, a thawelwch gwyn
y gaea'n llusgo'i draed ar Ben-y-bryn.

Pentre Du, Pentre Gwyn

Pwysau

Gadael Neuadd John Morris Jones, ac Ysbyty Gwynedd

Mae lifft y neuadd yn griddfan
dan faich y llwyth pentymor.

Trysorau'r cyw'n dod adref
i nyth yr haf.

Mae angen dau ohonom
i drin y domen
o fagiau duon.

Rwyf innau'n crwydro
at adael y ddinas hon
ugain mlynedd yn ôl,
tithau'n bluen mewn basged
rhy drom i un.

Meic yn y Fic

Dim ond cân yw hi; dim ond cynnau hen
danau; codi hwyliau drwy'r glaw halen;
dim ond dagrau'r cei ac ofn y gleien
a'r oriau noeth sy'n crynu'r wenithen;
dim ond y gwynt; dim ond gwên plant heddiw'n
dod â'u lliw a'u dywediadau llawen.

Hiraeth ac alaw a thraeth a gwylan
yn donnau ar y cof – dyna'r cyfan;
enw hen gariad; gwanwyn ac Erwan;
y môr a'r eneth a chwsg braf Bethan;
daw o Lydaw, ffatri wlân, – gan grwydryn,
ac o Lyn Celyn – beth yw hi ond cân?

Cân uwch y bedd; cân Aberdaugleddau;
cân ar y tywod sy'n darfod rhwng dau;
eryr y bwledi; dryw y blodau;
hwyl cwrw'r heulwen; oerfel carolau;
cân fel gŵyl; cân fel golau'r gorllewin;
cân ein gwerin – a Meic yn ei geiriau.

Pan ganodd Meic Stevens ei gân agoriadol yno un noson, roedd y gymeradwyaeth yn fyddarol – y gynulleidfa ar ei thraed, ar eu seti, ar ben byrddau. Ymateb y canwr oedd: 'Be sy'n bod arnoch chi, bois? Dim ond cân yw hi!' Cyflwynwyd hon i Meic yr haf roedd yn dathlu'i 75 mlwydd oed yn Eisteddfod Môn, 2017.

Llywelyn Williams

Brigdonnwr ungoes Abersoch

O'i ddŵr hallt, cwyd yn ddewr o hyd, – brigo
        O drai bregus bywyd;
    Ewyn ar fôr yw ei fyd,
    Ewynfor yw ei wynfyd.

Pentre Du, Pentre Gwyn

Dwy

Annie Cyfnod (a fu farw yn Ionawr 2017) ac Arianwen, fy mam

Roedd un yn chwedl yn ei chaffi – llond
ei thebot at y pig i'w dollti'n hael
rhwng sgyrsiau'r byrddau. Drws ar gau? Dim ond
rhoi cnoc oedd raid a byddai tjips ar gael
am dri y bore! Roedd y llall rhwng llyfrau'i
siop yn feingefn i ddalennau rhydd
Cymraeg yr ardal. Codai o'i phapurau
bynciau llosg i'w trin ar lawr y dydd.
Yn Rhagfyr hwyr eu taith, daeth llwybrau'r ddwy
ynghyd, a'u troi'n gymdogion ar gadeiriau
yn y Cartref. Hollt o heulwen drwy
gymylau'r gaeaf olaf oedd eu hwyliau.
Dwy'n tynnu coes a sgrechian chwerthin, weithiau.
Dwy'r un byd, a fory i gyd o'u blaenau.

Annie Cyfnod

Ei byd diwyd sy'n dawel – a hir oes
Ei chroeso tros orwel,
Ond tyrfa hardd sy'n arddel
Ein hen ffrind. Annie – ffarwél.

Popty

Ym Mhlas Isaf, Llangernyw, cartref Dei ac
Elen Jones ers talwm – fy hen daid a fy hen nain

Fo âi i hel y poethwal i'w storio'n y daflod:
brigau eithin, trwch ei arddwrn,
a rôi'r fath flas ar fywyd beunyddiol.

Hi adeiladai'r tân, o'i sail, fel codi tŷ.

Fo gariai'r sachau o'r felin i'r gist;
hi wlychai'r burum a thylino.

Yntau'n clirio'r lludw oddi ar y llech;
hithau'n estyn y toesion at wrid y cerrig.

Fo at y bicwarch neu'r fwyell;
hi'n mesur amser fesul cnoc ar waelod torth,
a'r ddau gyda'i gilydd wrth y bwrdd
pan fyddai'r menyn yn toddi ar dafell.

Hen daid, hen nain ydyn nhw,
wrth imi blygu fy mhen i mewn i'r briws
y soniai'r teulu gymaint amdano.

Rhwd ar yr haearn, cerrig oer, gwich yn y drws
ond mae anadl bara'r ddau
rhwng y buarth a'r gegin o hyd.

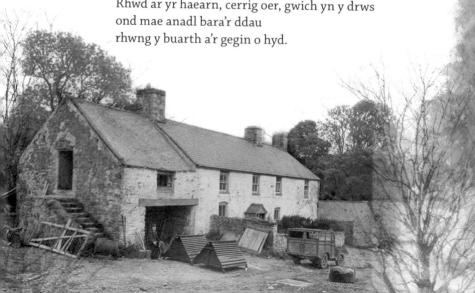

Hen daid, hen nain ydyn nhw

Grisiau

Dwi'n aml yn eu dringo fesul dwy.
Ar frys i fynd ymlaen, medd rhai, yn fawr
o giwiwr – ac o'r ysgol ddaeth y clwy.
Roedd stafell ddosbarth 'Nhad 'mhen draw'r ail lawr
a thestun sbort oedd hyd ei gamau bras:
yr 'hirgoes' oedd ei enw ar y buarth.
Gallai fod yn sychlyd, weithiau'n gras
wrth lolyn, eto nid oedd yn ei gyfarth
ddannedd. Ac fel mab i athro uwchradd,
pleidiol oeddwn i'r penbyliaid, awn
yn is i'r seler i gael bod yn gydradd,
honni dod o gyff gwahanol iawn.
Ond roedd fy mhytiau coesau, 'gen i go',
yn dringo fesul dwyris, fel gwnâi o.

Twll yn yr ardd

Rhyw bwten oedd hi, meddai Mam, man gwan
am swnian ar ei stôl pan oedd Mam-gu'n
tylino'r toes a chrasu'r bara can –
nes cael ei ffordd, cael powlen bridd y tŷ
o'i blaen, cael cyfle yn y gegin fach
i fod yn groten fawr. Hen siom, er hyn,
oedd stori'r toesiad cyntaf: fflat fel sach,
yn addysg ddrud yn nhŷ'r tridegau tyn.
'Anghofio'r burum wnest ti,' meddai'r fam.
'Dim gair. Fe awn â rhaw dy dad i ben
draw'r ardd, gwneud twll, a heb 'run geg fach gam,
o'r golwg yr aiff hwn. Am byth. Amen.'
Claddodd Mam-gu'r gymysgedd; mynd yn ôl
ac estyn powlen arall at ei stôl.

Gerallt

Gwelais y ddeilen. Mi glywais ddwylo
yn cau ar ei anadl. Clywais ddweud cryno
drwy'r rhychau dwys. Clywais boen yn pwyso
ar ei chwe stôn. Gwelais drwch y staenio
ar ei fysedd a'i wedd-o – gan wybod,
heb iddo ddannod, be ddôi ohono.

Gwelais innau'r ocsiynau – drws heniaith
a'i styllod yn darfod ym mhen y daith,
ein gweld ni gystal am werthu'n talaith
o gwm i gwm, gan droi'r Gymraeg ymaith
o hendrefi'i miri maith – a chwalu'r
broydd hynny lle canai'r beirdd unwaith.

Clywais englynion yn curo'n donnau
mai marw Gerallt os marw'i geiriau.
Wrth hel ei lynges dan forthwyl angau
ni fyn glod, ond mae'n anfon galwadau
am wrhydri i ni ym mrwydrau ein hiaith:
anadl ei waith yw ei hanadl hithau.

Cist

Pan gyhoeddwyd Y Gân Olaf, *Gerallt Lloyd Owen*

Daw i'r haul y derw'r eilwaith. – O'r llwch,
daw'r llais fu'n arf unwaith
ac o'r nos daw esgyrn iaith
inni geibio i fedd gobaith.

Pentre Du, Pentre Gwyn

I Gwyn Thomas, 6 Mawrth 2016

Pentre Du, pentir y daith;
swˆn y don sy'n dod unwaith
dros y môr dyrys a maith.

Pentre Du. Du a diarth
yw niwl gwag gwegil y garth.
Yn y cof, cˆwn yn cyfarth.

Pentre Du mewn pant oer, dwys;
hen oglau ar bren eglwys
a'r gro mor llwm â'r Grawys.

Oddi wrth y tai mae'r ddôl,
maen llydan ar ei chanol, a'i gorun
fel bys gˆwr derwyddol.

Hwn yw'r gˆwr ˆwyr y geiriau;
hwn a'u llanwodd â lluniau; hwn a'u troes
ar un traw yn chwedlau.

Yn y maen, mae llam o hyd;
daw'n ôl wyneb ei febyd i gadw
ac i godi'r ysbryd.

Pentre Gwyn, mae pont ar gân yr afon,
canllaw cryf o'r geulan,
bore aur wedi crawc brân.

Pentre Gwyn, blaguryn gair yn deilio
a dwylo'n llenwi'r pair.
Trech cusan na'r trwch cesair.

Pentre Gwyn, pentre gwanwyn yfory;
clustog Fair ar glogwyn.
Uwch yw bref na choch y brwyn.

Mae creu, er gwaetha'r gaeaf.
Newyn yw had cynhaeaf.
O gollen y gwynt, gallaf
dorri'r ffon hon. A daw'r haf.

Pentre Du, Pentre Gwyn

Ailgydio

I deulu Ty'n y Ffridd, Cwm Cynfal, wedi damwain Eilir Hedd, 2013

Mae'n foel; mae'r cwm yn felyn
a di-gân yw du a gwyn
y piod; di-wên blodau
a hwn â'i lygaid ynghau.
Mae'r llew Mawrth mor llym ei wynt,
yn halen ar ein helynt.
Yn nhir y byw, llwydni'r bedd;
dynionach dan ewinedd
llaw angau; ni ollyngwn
ei hoerni hi am mai hwn
yw'r Mai. Ond drwom mi all
hau'r llawr gyda'r llaw arall.

Rhodwydd

Wrth gofio Merêd, Chwefror 2015
Amddiffynfa Frythonig ar fryn neu wrth y rhyd oedd 'rhodwydd'.

Ar lwyfan gwag, mae llais nad aeth o'r byd
Ar alaw hŷn na'r gwynt drwy ddeilen grin:
'Oes rhywun ar y rhodwydd uwch y rhyd?'

Mae'r llafnau i gyd dan bwysau'r meysydd ŷd.
Does fawr o awydd mynd. Ond ar y ffin,
Ar lwyfan gwag, mae llais nad aeth o'r byd

Yn dod drwy wendid y clustogau clyd:
'A Chwefror yn y cwm yn troi tu min,
Oes rhywun ar y rhodwydd uwch y rhyd?'

Ac er mor denau'r darian, mae o hyd
Yn ddrych i'r wên oedd unwaith yn ei thrin
Ar lwyfan gwag. Mae'r llais nad aeth o'r byd

Yn dal i hawlio gwerth i'r geiriau mud,
Yn dal i godi hwyl ar lwybrau blin,
'Oes rhywun ar y rhodwydd uwch y rhyd?'

Mae'r ateb parod eto'n ffoi cyn pryd.
Mae'r dwylo'n llonydd ar eu dau ben-lin.
Ar lwyfan gwag, mae llais nad aeth o'r byd:
'Oes rhywun ar y rhodwydd uwch y rhyd?'

Pentre Du, Pentre Gwyn

haul main uwch gwely mynwent,
cynghanedd Gwynedd a Gwent

Cwmystwyth

Yn angladd Merêd, 26 Chwefror 2015

Dŵr gwyllt a rhaeadrau gwyn,
beudy oer heb aderyn,
lladron y dail yn llawdrwm,
ochrau coch pen ucha'r cwm
a glaw'n y gwynt i'w glywed:
amau'r haf yr wyf, Merêd.

Enw a llais, cydio llaw,
telyn yn twtio alaw,
haul main uwch gwely mynwent,
cynghanedd Gwynedd a Gwent
a'r hen angerdd ar gerdded:
dyma'r haf o hyd, Merêd.

T' Isa'

Arwyn Evans, Tŷ Isaf, Llanfair Caereinion

Y tes yng ngwyneb T' Isa'
a lenwai'r ŵyl yn yr ha'.
Ar y Maes plygeiniwr, mwn,
penuchel fel pafiliwn
a heulwen Awst-y-gwenith
ei wên laes yn codi'r gwlith.

O sgwrs i sgwrs, llosgai o
ei dalent gwasgu dwylo,
yn rhannu'i wobr ei hunan
â holl lys aelwyd y llan;
ar ei awr fawr, cofiai hwy:
oedd bennill o gerdd Banwy.

Cariodd yno aceri
Maldwyn, a bro hŷn na hi;
graen gwŷr yr hen Bengwern gynt –
hanai ei ffyrdd ohonynt;
yn nyth ddewr cymdogaeth dda,
y tywysog oedd T' Isa'.

Arweiniodd drwy gyfrannu
a dod i'r blaen drwy roi'i blu
i hybu taith pob to iau,
rhoi'i adenydd i'r doniau;
bu'n brydferth i'r hen werthoedd
a brenin ei werin oedd.

Bu ei oes fel lein baswr:
bu'n gonglfaen, yn sylfaen siŵr,
ac er i dawch fygu'r dôn
yn nhir annwyl Caereinion,
yn ôl â'i haul daw gŵyl ha'
a'r tes yn oriau T' Isa'.

I Ddyffryn Conwy

Y mae'r hen afon yn Nyffryn Conwy
yn daith erioed rhwng echdoe a thradwy;
mae'n dechrau siarad yn Llygad Llugwy,
troi'n fodrwyau lle mae traethau trothwy
Llys Helig; mae'n beryg; mae'n bwy ydw-i
wedi i'r glaw oedi: fy llais gweladwy.

Y mae'r hen afon
yn Nythfryn Conwy
yn daith erioed
rhwng echdoe a thradwy;

Hon oedd y ffin rhwng Gwynedd a ffyniant,
rhwng hen deyrnas a'r gwaed a gollasant;
afon yn y pen ac arf yn y pant
rhwng craig a charnedd a thir y meddiant.
Ond hon yw afon y prifiant a'r cael:
aber y gafael uwch ebargofiant.

Pan fo'r dŵr gliriaf, a glas yr hafau
yn galw'r hedd hwnnw sy'n ein rhyddhau;
pan fo yn Awst hwyl; pan fo mewn gwyliau,
ac yn wyneb yr haul, egni i barhau;
down, yn do hŷn, yn do iau, i'r ddôl hon
galon wrth galon ac at y golau.

Pentre Du, Pentre Gwyn

Croeso i Eisteddfod Sir Conwy 2019

I'w gŵyl, mae Cymru'n galw
o Lyn Dulyn i Landŵ.
Unwch y wlad, dewch â chledd
a'i weinio mewn cynghanedd.
Dewch â chof. Codwch hefyd
bont yn nychymyg y byd.

Dewch o Loigar, heddgarwyr.
Nid yw'n Maes wrth droed un mur
cry' na Chlawdd. Crynhowch i le
heb boer ond gwlith y bore.
Ie'n genedl: gwahanol
a hen wlad – ond dim hen lol.

Down, Lla'rŵs. Mae drws fan draw –
drws yr haul, drws yr alaw
i'w agor. Down, Cymreigiwn
natur Awst ar y tir hwn
i roi gŵyl wir ei golau
a rhoi gŵyl heb ffin ar gau.

Dyma'n gŵyl – ond mae'n galw
y *Sun* teg, *Newsnight* – Iw-hŵ!

Pob codwr wal sy'n dal dig
a phawb sy'n senoffobig –
gadewch yr ynysig, dall
a gweld aur mewn gwlad arall.

Berw gŵyl sy'n rhoi llwybr gwâr
i agwedd Cymru, Lloigar
a Lla'rŵs: lle i oroesi;
cneuen iach ein canu ni –
ond o'i hwyl mae'n creu dolen
ac mae'i miri'n geni gwên.

Ein hawen gadarnhaol
a ddaw dros y bont i ddôl
Conwy ein Cymraeg hynod!
Un byd, un bywyd sy'n bod –
yn hwrê'r ŵyl a'i hiaith ffraeth
mae hwrê pob amrywiaeth.

Yno cawn leisiau'r byd canoloesol

34
Pentre Du, Pentre Gwyn

Pont Trefynwy

Mae heno'n biwis, meini bwaog
Ei chroeso'n culhau uwch pyllau pwyllog
A'i gwg fu'n cymell ei phorth castellog
I gau erioed ar unrhyw Garadog
Neu bla o ddwylo blewog tu draw'r plwy;
Adwy gloadwy'r dre heb gymydog,
Nad yw'n siarad â gwerin gyffiniol
Na rhannu gwên â chrwydryn gwahanol.
Yno cawn leisiau'r byd canoloesol
O fewn heolydd ei hofnau hiliol;
Myn o hyd gael camu'n ôl a chau'r drws
Yn ei gatws gyda chlep ysgytwol.

Pont y cau dyrnau – mae'r machlud arni;
Egwan ei llwch; caiff ei chnoi gan y lli.
I blant pob oes, mae Mynwy i'w chroesi,
Baneri'r byd ar y cyd i'w codi,
A hyn a wn, pan ddown ni i'w dolydd,
Yr eneidiau rhydd gaiff sarnau drwyddi.

Yr unig bont gaerog ganoloesol yng Nghymru. Cyfansoddwyd
yn fuan wedi pleidlais Brexit ar gyfer Eisteddfod y Fenni 2016.

Pengwern

Gwynt o'r dref wen sy'n fy ffenest heno
a briwiau'r gwern ydi'r barrug arno.
Drwy drwch y düwch, ar wydr ac ar do,
saga ein tir sy'n genllysg yn taro.
Ionawr yw hwn ac mae bro golledig
hen bendefig a'i hwyneb yn deifio.

Yna am eiliad, rhwng yr hyrddiadau,
mewn neuadd oeddwn. Mae hi'n hen ddyddiau
ac mae cwrw Tren yn codi i'n pennau.
Mae'r dewr yn ei hwyl. Mae'r derw'n olau
a'r awen drwy'r storïau'n dod â gwlad
yn un i guriad telyn a geiriau.

Wedyn, chwipiad arall y tu allan
ac mae tafodau'n canhwyllau yn wan.
Aeth cleber llawer yn un dylluan
o aeaf llwyd yn y stafell lydan.
Hanes fy nhref fy hunan, pob tref wen,
yw cwyn y ddeilen trwy nos Cynddylan.

Dim ond yr eryrod a'u cysgodion
ar wastad daear o drawstiau duon,
dim ond caswir yr hunllefau hirion
yng ngwely unig yr hen englynion,
ond hiraeth y plant dewrion – ddaw â'r gân
i oleuo tân ar yr aelwyd hon.

Pentre Du, Pentre Gwyn

Y Gororau

Gall rhai pentrefi golli'r gân, – colli'r
Coed cyll ar y geulan,
Ond y mae rhai nythod mân
Â'u grym tu hwnt i gryman.

37

Rhiw-bach

Roedd siopwyr Sgwâr Diffwys
wedi laru ar yr un hen gân
gan werin Rhiw-bach:
'eira at y distiau',
'niwl at draed y gwely'
a 'waliau'n llifo gan y tamp';
eu grwgnach yn rhuglo
fel crawiau'n rhedeg ar domen.

Heddiw, yn yr adfeilion
rhwng y brwyn a'r clogwyni wast,
lle mae'r gwyngalch wedi'i flingo gan y gwynt
a'r linterydd yn cracio,
mae adleisiau eu crafu byw
fel hoelen ar lech y galon.

*Pentref chwarelwyr 1,300 troedfedd uwch y môr
ar wegil y Manod Mawr, Blaenau Ffestiniog, oedd
Rhiw-bach. Gan mlynedd yn ôl, heb ffordd i gyrraedd
yno ond ar incleniau'r chwareli, roedd 125 yn byw yno.*

Pentre Du, Pentre Gwyn

Trwsio

Rhos y colledion yw Culloden, mawn
a'i ddŵr yn ceulo'n ddu dan draed y co',
y dagrau'n crynu, fel y niwl go iawn,
a'r ofn – ac eto'r nerth – i ddod am dro.
Wrth feini'r beddau torfol, y mae tad
yn galw'i fab a dangos enw'r clan
a dweud lle'r aeth yn griau frethyn gwlad
yr union deulu yn yr union fan.
Ar do'r lle bwyd, mae rhestrau'r un un enwau'n
rhengoedd – clod i'r noddwyr hyn sy'n creu
edafedd newydd dros yr hen rwygiadau:
dod â grug a banadl ac ail-weu
ysgallen haf drwy ffos a bedd a baw
a chodi hedydd cân ar ôl y glaw.

*Mae maes brwydr Culloden ger Inverness – pan laddwyd
1,500 o Jacobeits mewn awr gan fyddin y llywodraeth yn
1746 – wedi'i gadw fel yr oedd, gydag enwau'r clans ar y
beddau hirion. Ond mae yno ganolfan dreftadaeth newydd
bellach a ffordd newydd o edrych yn ôl.*

Pentre Du, Pentre Gwyn

Rhos y colledion yn Culloden

Picnic

Y Somme, 1 Gorffennaf 1916

Aeth un yn ôl i nôl ei bêl. Daeth un
ag organ geg i godi sbonc i'w gam.
Roedd hedydd bach yn llawn o'r haul ei hun
yn gwmni i rai. Daeth un â llun o'i fam.
Cydgerdded yn hamddenol oedd y drefn,
fel rhes yn mynd i'r rhosydd i hel llus;ysgwydd wrth
gydysgwydd a sach ar gefn,
bisgedi a photeli. Doedd dim brys –
roedd eraill wedi addo llwybrau clir,
crymanu bylchau rhwng y llwyni drain.
Ond gan ei bod hi'n ha', roedd uwch y tir
gymylau'r gwybed a'u brathiadau main.
Fin hwyr, roedd briwsion ar y cwilt ar lawr
yn wledd i'r pridd, yn dathlu'r diwrnod mawr.

Egwyl

Cymru Un Naw Un Pedwar ar y We:
Sganio drwy'r colofnau am deulu mewn teip.
Clic i'r *Amman Chronicle* – dyna lle

Roedd enw Tad-cu, yn ôl yng nghôl ei wlad,
Awst Un Wyth, y tudalennau'n brin –
Haf y papur drud a'r dynion rhad.

Cyfarfod bach, y sgwlyn a bardd y fro
Yn croesawu tri i'w mysg ar lif –
Rhaff o gwpledi ganddo'n clymu'r co'.

Rhyfeddwyd at Tad-cu: ar wyneb glân
Y llanc roedd gwrych o fwstásh, a'r hwyl o'i gael
Rhyw flewyn bach yn hŷn oedd yn y gân.

Dan draed y mydr, roedd dyheadau ffôl –
Llinellau nad oedd wiw eu rhoi mewn print –
Mai ofer disgwyl, os byddai 'na ddod yn ôl,

Mai fel tri chrwt y deuent adre'n ôl.

Neidr mewn llawes

Tybed a oedd, wrth godi crib pen clawdd,
yn cofio'r parapet nad oedd 'na ben
yn saff wrth sbecian drosto? Pa mor hawdd
wrth sodlu rhaw i ffos yn y Ro-wen
oedd anwybyddu'r trenshis? A oedd John
yn duo'i feddwl wrth hel dail Allt Rhiw?
Pan hogai'i gryman efo calan gron
a glywai Ifor, Wil Pen Parc a'r criw?
Wrth godi'i gôt un diwedd pnawn, rhoi'i law
drwy'i llawes, teimlodd groen y neidr aeth iddi
i gysgu ar ben wal. Ni chafodd fraw
yn ôl yr hanes, dim ond clywed drwyddi'r
oerfel na ddaw c'nesrwydd yn ei sgil,
y bysedd mewn twll siel yng Nghoed Delville.

Daeth Richard Parry, fy nhaid, adref o'r Rhyfel Mawr
i'r Ro-wen i fod yn lenthman ar ffyrdd gwledig yr ardal,
ac mae hwn yn un hanesyn sydd yn y teulu.

45

Gerald Williams, Yr Ysgwrn

Arhosodd yn nrws ei groeso; – cadwodd
Y coed wedi'u cwyro;
Mae archif canrif y co'
Yn dân ar aelwyd yno.

Pentre Du, Pentre Gwyn

Ymysg cyfeillion

O'r nos daw rhai â darnau o straeon
i'w dweud a'u hail-ddweud, a'u troi'n freuddwydion;
mae yma ofal am godi calon,
i adfywio aelwyd o'r adfeilion;
rho dy gred yma ar ford gron croeso'r tŷ:
cei g'nesu felly, ymysg cyfeillion.

Mae yma gariad at fwrlwm geiriau
a heno beirdd yw pawb wrth y byrddau;
daw'r hen oes gynt eto'n fyw drwy'n sagâu,
yn ddeunydd newydd ar ein siwrneiau;
yma'n ein plith rwyt tithau – all dim byd
reoli hyd y sgwrs a'r eiliadau.

Mae hwyliau ein hwyr mor aml yn oeri
ac am fod hyn oll mor hawdd ei golli,
ni fydd rhyngom bellter; mae'n hamser ni
yn pontio'r afon rhwng ein pentrefi,
a phan ddaw dy alaw di dros y bryn,
digon yw hyn: dyro dy gân inni.

Ymweliad y Basgiaid â Thafarn y Fic, Llithfaen yn Ionawr 2017.
Hawdd cael grym i chwalu pontydd; prin ydi'r grefft i'w codi nhw.

Agur, Wlad y Basg

'Agur!' – wrth groesi'r gorwel – mae ewyn
    fy myw heno'n uchel;
    dim ond 'da boch' anochel
    dau hen ffrind ydi'n ffarwél.

O gwm i gwm ac o gymer – i grib
    roedd 'na grefft a hyder;
    lle doid i fwlch neu allt fer,
    dôi mintai i bleidio menter.

Eu hen hawl, bron, sy'n hwylio – i'w gafael;
    nid gofyn a begio
    ateb; nid 'Rhyddid eto
    yma fydd' ond: 'Dyma fo!'

Mae ail-greu ymhlyg ar waith; – o'r newydd
    ailsaernïo'r fordaith;
    dwyn llong o'r gwaelodion llaith;
    rhoi hwyl uwch derw'r eilwaith.

Nid delwedd ond adeilad – yw eu ffordd;
    rhoi ffydd mewn gwneuthuriad;
    pŵer rhaw yw eu parhad;
    parhau wnânt â phob rhawiad.

Codi gwlad o'r hen dreftadaeth, – uno
    hanes ac anturiaeth;
    rhoi i fory oer ferw a aeth;
    rhoi ystyr i dwristiaeth.

Ennyn parch, nerthu'u marchnad; – rhoi ar gaws
    ac ar gig eu tarddiad;
    rhoi ar gwrw eu geiriad;
    rhoi ar wledd faner y wlad.

Pentre Du, Pentre Gwyn

O'r ŵyl hafaidd ar lwyfan – eu Sadwrn
    i seidr eu perllan;
o dân gwyllt i hen, hen gân –
mae'r môr yn cofio'r cyfan.

I'r arhosol drwy'r oesau, – i'w hen iaith
    fu'n ofn ar wefusau
ac i feirch eu hogofâu:
'Agur!' – mae'n fwy na geiriau.

Cesyg carreg

Mewn cwm cul yng Ngwlad y Basg
y mae hela Oes y Cerrig.

Mae oglau
deng mil o aeafau yn yr ogof
ac yng ngolau cannwyll gorff
cawn weld y lluniau ar y muriau:
yr arth a'r beison a'r march.

Yna, down at groth o graig
lle bu bysedd
ar fochau'r waliau yn canfod cesyg
a chodi cyhyrau drostynt;
a'u llenwi'n drymion o dan bob tor.

Un gaeaf hir yn ôl
y paentiwyd y cesyg yn gyfeb.
Am eiliad
drwy oerfel ceg yr ogof,
clywyd oglau porfa Mai
yn codi bywyd newydd
ar garnau simsan.

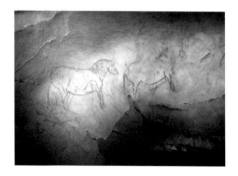

Pentre Du, Pentre Gwyn

Milwyr Terracota mewn amgueddfa

Teyrnasiad pwyslais-ar-y-teyrn oedd un
y Qin yn Tjeina – bachu plant a walio
tir y cipio; ysbeilio dyddiau dyn
i lafur caeth. Doedd Ying Zheng ddim yn smalio
bod yn dda – mor ddwyfol oedd ei rym,
mor saff ei nefoedd. Roedd ganddo wedyn rai
i gadw rheng ar reng o lygaid llym
o gylch ei fedd am byth ... Ond traed o glai
oedd gan ei ymerodraeth. Chwythodd llwch
ei wlad gan gladdu'i fedd ac aeth y parch
a'r bri pan ddaeth difancoll drosto'n drwch;
yr ebargofiant oedd ei gaead arch.
A dyna a saif o'i dragwyddoldeb garw:
gymaint roedd y teyrn yn ofni marw.

51
Pentre Du, Pentre Gwyn

Trafferth efo'r testun

Un Gwener gorblygeiniol
mi o'n i ar fy mhen ôl:
un darn mwll mewn *Western Mail*
a dyn neis sy'n dinisel;
gwelais hardd fugail *Barddas*,
Twm – yntau â'i lwynau'n las
wedi hyn. Dau ohonom
hyd ên yn y gwely dom,
yn brin o hygrededd, braidd,
mewn pw-pw Ewropeaidd.

Dros Frecsit roedd bigitan
a'r ddadl dros barhau oedd wan,
ond – lwc, daeth e-bost o wlad
Geraint, taer iawn y geiriad,
ataf i a chant o feirdd.
Y Talfan, drwy'r tawelfeirdd,
ddadlwythai'n ddi-oed lythyr
yn y wasg; ni, hirben wŷr,
a ŵyr, siŵr, nad i'r oes hon
ynysig ddogma'r Saeson.
Cas le sydd mewn cesail Sais:
llew fy naid, fe'i llofnodais.

Ond gwae'r Ap. Yn y papur
yng nghanol epistol pur
addas, roedd darn gorseddol
a'n darniai ni'n ddi-droi'n-ôl.
Nid gorsedd fel mewn Steddfod:
naci – Mai Ledi, Mai Lôd,
Iôr Haines – un o'r rheini.
(Idiots dros fôts, Twm a fi.)

Dau roes haearn dros Owain
yn bâr rhad yn Nhŵr y Brain;
dau Gymro yr herio rhydd:
dwy dafod y dweud ufudd;
dau Lywelyn ers cyn co':
dau'n faw, ar dân i fowio;
prifeirdd sydd eisiau profi
aroma bêr MBE.

Western Brits, dau o'r un brên
yw Twm a minnau. Tomen
o dail yw'n hawen dila:
brodio'r dweud mae bradwyr da.
Cerdd y dafod osodir
yn nhin Cwîn, yn sws glec hir
yw'n hodlau a'n hawdlau ni
ym mharêd Ei Mawrhydi.
Ydym normal loial wŷr
a gwerinol ymgreinwyr.

Yn iach, bellach, gogio bod
yn beryg fel saeth barod;
yn y *Mail*, yn un lein, mae
y Monarch, Twm a minnau.

*Ebostiodd Geraint Talfan Davies nifer o feirdd a llenorion cyn
Refferendwm Ewrop 2016 i ofyn iddynt arwyddo llythyr yn y wasg yn
pwysleisio'r agwedd Ewropeaidd ar ein diwylliant. Cytuno wnes i ond
difaru pan ddarllenais y llythyr hwnnw wedi'i gyhoeddi yn y papur
newydd. Yn ogystal â hyn, 'We all share with our European neighbours
blood and culture, history and art, music and literature, rugby and
cuisine', yr oedd hyn: 'Our monarchy has been at different times French
and Dutch and German.' Our monarchy! Roeddwn i'n frenhinwr yn
y* Western Mail. *Ac yn waeth fyth, roedd Twm Morys yn un hefyd.*

Llais

Yr Odyn, *papur bro Nant Conwy, yn ddeugain oed*

Mae cefn gwlad wedi'i adael
yn dir gwag, dim-byd-ar-gael;
di-siec, di-stamp a di-siop:
di-hiraros drwy Ewrop;
dibetrol i'w geir olaf
a di-werth ond am dai haf.
Aeth hi'n ddoctor-un-bore
neu droi am feddygfa'r dre,
eu 'cadw nhw yn eu hôl'
neu gloi yr ysgol leol.
Neuadd ddoe a'i hun neu ddau –
daw rheswm, caeir drysau.

Blin yw'r cwmwl lle mae blaenau'r cymoedd,
draw o'r canol mae chwip y drycinoedd;
ni chaiff y werin glust ei brenhinoedd –
beth yw cais di-lais mewn pencadlysoedd?
Diymadferth yw'r hen werthoedd, eto
mae cydio dwylo yn ein hardaloedd.

Dwylo, a phob cyd-aelod
yn hwyr y nos yn gosod;
dwylo'r cyd-roi diwaelod.

Dwylo'n aredig dalen
yn bridd gardd pob brawddeg wen
a thir i bob llythyren.

Dwy law'n cynnal dadleuon
ein heddiw, hel newyddion
efo'r inc sy'n y fro hon.

Dwylo yn sach ers talwm
yn bwydo'r co' ymhob cwm
a'n cael yn dynnach cwlwm.

Dwylo'n dal, fesul gali,
reswm praff ein hargraff ni.
Dwylo eto'n dal ati.

Daeth ein mân siarad yn ddarllenadwy
a'n dweud gaiff ei ddweud yn gyhoeddadwy;
i gwm gwledig, daeth ymgom glywadwy
ac mewn congl o'n byd, mae glud gweladwy.
Fis wrth fis, mae'n stamp yn fwy; mae geiriau'n
y gofodau a'n llais yn gofiadwy.

Medi

Talwrn i ddathlu 50 mlynedd awdl Dic Jones i'r Cynhaeaf ym Medi 2016

Tra bo tarth ar y buarth, a'r Ha' Bach
Ar 'falau 'leni'n rhoi gwawr felynach;
Tra bo ffair fêl, y coed yn dawelach,
Y bryniau'n oeri a'r bore'n hwyrach,
Bydd Medi'n dal cyfrinach – atgofus
Ystorfa felys a daear foelach.

Aber-fan 2016

Ar hyd y rhesi, tu cefn i'r drysau
Sŵn hallt yr wylo sy'n hollti'r waliau;
Mae pytiau dannedd y cerrig beddau
Yno o hyd yn cnoi eu heneidiau;
Bydd galar, fel bydd golau ar fynydd,
Tra bo aelwydydd ym mhentre'r blodau.

Cân gyfoes o'r oes o'r blaen ar y radio

Mae'r botwm wedi'i bwyso; ni ddaw'n ôl
Y gân, y galon honno, dyddiau iau –
Ond dal i'w clywed mae'r tonfeddi ffôl.

Y tynnu sylw, yna'r tynnu stôl
A'r alaw'n jeifio rhwng canhwyllau dau:
Mae'r botwm wedi'i bwyso; ni ddaw'n ôl.

Ar ôl yr ŵyl, cariadon roc a rôl
A welodd fandiau'n gadael, giatiau'n cau –
Ond dal i'w clywed mae'r tonfeddi ffôl.

A phwy sy'n dal i gofio'r Hen Down Hôl?
Yr eiliad ddofn, ac amser yn dyfnhau?
Mae'r botwm wedi'i bwyso; ni ddaw'n ôl.

Blynyddoedd doeth sy'n datod edau'r siôl
O nodau, ac mae'i llun a'i lliw'n pellhau;
Ond dal i'w clywed mae'r tonfeddi ffôl.

Rhaid imi ollwng hyn i gyd o 'nghôl,
Mae'r traciau'n pylu ac mae'r tâp mor frau;
Mae'r botwm wedi'i bwyso; ni ddaw'n ôl.
Ond dal i'w clywed mae'r tonfeddi ffôl.

Elin Llannerch

Yn canu'r anthem ym Mharc Eden, Seland Newydd, 11 Mehefin 2016

Dim ond y gerdd, dim ond gwên
yn codi o Barc Eden
i Gymru'r Fic, ac mae'r ferch
eto'n Llŷn, y tŷ'n Llannerch
yw cân ei llygaid cynnes.
Ond mae'n dagrau ninnau'n nes –
o dan y wên, daw yn ôl
ein hiraeth. Er mor wrol
yw ei chanu, daw pluen
yn dawel o awel wen
ei gaeaf a thrwy'n haf ni,
enillwn weld ei cholli.

Twm Pant yr Hwch

A'r car dan warant, rhaid oedd mynd o'r cyrion
i berfeddle'r cwmni, nad yw'n swil –
rhwng bleinds a siwtiau glân ac arogleuon
coffi – i roi'r print mân ar ben y bil.
'Mae'r cyfrifiadur wedi canfod nam ...'
'Mae'r cyfrifoldeb yma i wneud y gwaith ...'
'Ein cyfrifiannell gadwith chi rhag cam ...'
a chyfri fuwyd wrth droi'n ôl o'r daith.
Wedyn, y fan oedd fel corn niwl drwy'r fro
ond 'lawr y lôn at Twm Pant'rhwch aeth hi,
'Y clip ecsôst 'di cancro – fawr o dro.
Mi wneith y beipan sbelan eto i chdi.'
A dyna lle'r oedd Twm, pan es i'w nôl,
yn llnau ei bympar efo'i ofarôl.

Alun

Wrth dderbyn Medal THPW Eisteddfod Genedlaethol Sir Gâr, 2014

Ar y maes y mae grym iaith:
mewn cae ryff mae'n creu effaith.
Er bod neuadd byd addysg
yn hwb mawr, bydd byw ymysg
yr adar sy'n ei siarad;
ffair a ryc yw ei pharhad.

Diwaliau ydi Alun;
dyn gwneud yw hwn ac nid un
am stafell a llyfrgell wych,
i mewn yn fwyaf mynych;
ble bo hwyl ei bobl y bydd,
ym mhasiant miri'r meysydd.

Felly y bu'n dysgu: dod
â gosgordd yn ei gysgod
i haul llafar y llwyfan,
dod â rhai iau'n frwd i ran
olau'r tir rhydd; cael o'r tro
fod anadl o fod yno.

Hyfforddi rygbi drwy iaith
a dwylo'n nhinc y dalaith
yn sgorio drwy wres geiriau;
drwy apêl y bêl, bywhau
sain y dweud; cael pàs yn deg
ac o'r mwd cael gramadeg.

Yn Llanarmon, mae doniau
hyd y fro eisiau'u dyfrhau
â glaw Mai ysgogol, mwyn
a gwên ei lawer gwanwyn.
Alun fu'n ganllaw i fyrdd,
Alun, ganllaw bytholwyrdd.

Dan Styllen

Wrth dderbyn Medal THPW Eisteddfod Genedlaethol Môn, 2017

Awst yr alaw, Awst yr awen – ac Awst
ein gŵyl a'i hwyl lawen,
Awst pan ddown ni i gwmni gwên
a diwylliant Dan Styllen.

Awst y Maes; Awst â mesen – yn ei nyth;
Awst yn nerth y dderwen
a'r pridd, a phelydrau'r pren
yn deillio drwy Dan Styllen.

Awst y trosol drwy ddolen – y gadwyn;
Awst ailgodi'r wagen
yn y cae; Awst ifanc hen
y diollwng Ddan Styllen.

Awst y Fedal; Awst y ddalen – newydd
yng nghynhaea'r heulwen;
Awst mawl llais ac Awst mawl llên
i allu'r hoff Ddan Styllen.

Huw Garth Hebog

Y rhai olaf amryliw – o'n hen goed
  Sy'n gadael byd chwilfriw;
  Derwen sy'n gorwedd heddiw
  Yn nhir ei hoff Nant-y-rhiw.

Hydref 2016

Emrys Nant y Fedwen

I ni ei wên oedd ffynhonnell – ei hwyl
  A'i galon ddiddichell,
  A byw yw hi – er mor bell –
  Y wên wrth groesi'r llinell.

Mawrth 2017

Olwen Blaen-y-coed

I'w thylwyth, nid aeth heulwen – ei gwanwyn
  Na'i holl gynnwrf llawen,
  Nac afiaith ei gwaith a'i gwên
  I'w gwely gydag Olwen.

Ebrill 2017

John Glyn, Penrhiw, Dolwyddelan

Weiriodd wrth dyrbein ei gorun – wreichion
  Trwchus drama ac englyn
  A saif mellt ar sawl gwelltyn
  O'r trydan glân fu'n John Glyn.

Medi 2018

Wedi corwynt 'Ophelia'

Cofio Mary Llwyn Richard, 2017

Do, daeth storm yr hydref
Rhwng y bryniau hyn –
Holltodd ganghennau'r berllan
A chwipiodd wyneb y llyn;
Rhwygodd o'i gwraidd yr onnen fawr
A bore blêr a welodd y wawr.

Yn Nyffryn Conwy, 'Mêri'
Fu'r enw ar stormydd gynt:
Dyrnai'r bwrdd mewn pwyllgor,
Diawliai'r sachau gwynt;
Cyrhaeddai, a'i llais yn llenwi'r tŷ;
Dawnsiai llygad y tân lle bu.

Mêri, ysgydwraig y goedwig,
Agorodd lwybrau gant;
Torrodd goed tân i'r boelar,
Plannodd gysgod i'r plant;
Dail, wedi'r storm, sy'n gwrlid llaes –
Mae aur wedi Mêri'n carpedu'r maes.

Wali Cefn Rhydd

Yn y mawn a'r niwl mynydd,
cefn rhaw oedd Wali Cefn Rhydd;
yn ei dorf, yr asgwrn dur;
yn ei lygaid, roedd blagur.

Sŵn micsar oedd ei araith
a'r gaib oedd ei bwyllgor gwaith.
Da'i gael, a'i ergyd galed,
i hollti pob 'Holyhead',
i dorri dôr ar dŷ ha'
ac i ateb 'Dim Sgota'.
Dwyn yn ôl, dyna a wnâi,
i'n tir sâl y trosoliai.

Bu'n wariar, nid yn siarad
y Llew a'r Glôb, ond llawr gwlad;
nid am haf, ond am ei oes
a hynny â'i holl einioes.
Nid twf gyrfa fu'r Tafod
ond fo'i hun, rhyddid ei fod.
Mynnai â gwrid, mynnai'n gry
am mai iawn oedd y mynnu.
Pa eisiau dadlau'n ei dŷ? –
un o'i reidiau oedd credu
yn ei wlad a chofleidio
eira gwyn ei Gymraeg o.

Pentre Du, Pentre Gwyn

Nid Afallon mo Conwy:
ar groen gwlad, brigai'r hen glwy;
eto, drwy hon, unionwyd
cwrs y lôn; lle bu cors lwyd,
lle bu'r digar gweithgar gynt,
tir a hawliwyd trwy'r helynt.
Yn rhydd, ac ar arwyddion,
y deiliodd iaith dolydd hon
ac mae'r daith i'th Gymru di'n
fwy hwylus o'th fyw, Wali.

Mi fu'n dreifio craen yn y Congo, ac yn hyfforddi criw o frodorion i drin craen a defnyddio arfau gwaith. Doeddan nhw ddim wedi gweld dim byd tebyg i'r rheini o'r blaen a welai Wali ddim pwynt trafferthu efo geirfa Saesneg efo nhw, felly mi ddaethon i ddallt cyfarwyddiadau fel 'Dos i nôl trosol'. Mi gafodd pa bynnag Padi, Joc neu John Bwl ddilynodd Wali ar y safle hwnnw dipyn o sioc fod gan y llwyth hwnnw eu henwau eu hunain ar 'arfau'r dyn gwyn' a'u bod nhw'n siarad yn hollol naturiol am 'ordd', 'mwrthwl', 'caib', 'rhaw' a 'throsol'!

Llew

Llew oedd saer y gadair yn Eisteddfod y Ffôr, 2016. Roedd hefyd yn cystadlu ar y gân werin. Bu farw wedi cyrraedd ei sedd yn union ar ôl gorffen morio'r gân.

Cododd, mi ganodd, rhoi gwên
a daearodd fel derwen
mewn storm, heb ddim un nos da
na miri mwy o eiria';
gwneud ei ran ar lwyfanen,
yna i'r llawr a chau'r llen.

Ond i'w ffrind, pren diffarwél
yw derwen, a diorwel
yw gŵr a'i gyfeillgarwch.
Ni all Llew ddiflannu'n llwch.

Gadael ôl llaw ar gadair
i euro gŵyl saer y gair;
gadael llun yn gysgod lliw
o'i hwyl a'i ddawn amryliw
a gadael i'w gân gydio'n
llawen drist yng nghist fy ngho'.

Ailfywhau haul ei fywyd
yn Rhos-fawr wnaeth y rhes fud;
rhannu Llew, a drain y llwyn
yn gwynnu'n sgwrs y gwanwyn
a dryw bychan fu'n canu
ei nos dawch uwch y drws du.

Mynwent Llanyblodwel

Yn swydd Amwythig

Dŵr Tanat yn yr afon, ac mae'r gân
yn tynnu tannau Nansi'n ôl i'r co' ...
baledi ffair yn 'Soswallt ... brethyn glân
y Blygien ... cerdd pob tymor yn ei dro.
Ysbrydion 'Jones' a 'Williams', fesul bedd,
ddwg sgyrsiau'r bont a'r Bedol ar y clyw;
llond bwrdd Tŷ Draw yn torri ar yr hedd
â'u chwerthin; plant Garth Fach yn eiriau byw.
'In Memory,' medd y cerrig, ac mae'n wir
mai dyna iaith a threfn y plwy pan roed
John Pryce o Fryn y Fedwen dan y tir
a mab Penisa'r-llan yn chwe mlwydd oed.
Tawelodd Tanat; pylu a thywodi
fesul gaeaf y mae enwau'r meini.

67

Galw heibio i gydymdeimlo

Pa drafod tywydd? Lle bu'r haul mae twll.
Pa iechyd ddaw i'r sgwrs a phawb mor glaf?
Pa sôn am waith a'r oriau i gyd yn fwll?
Pa siarad am yfory heb un haf?
Ar aelwyd galar, glynant wrth hen drefn
ar ôl i angau daflu'r lle tu chwith,
ben 'lawr. Cynigiant ddefod cegin gefn
a seremoni'r te a'r bara brith.
Cysetlyd fydd ein hateb greddfol: 'Does
dim isio, wir' neu ''Dawn ni ddim yn fodd
i beri trafferth'; ffugio bod yn groes ...
nes inni gallio, cofio, derbyn rhodd
eu dwylo; derbyn bod pob 'Gwan neu gry?'
yn gamau bach at ddechrau trwsio'r tŷ.

Wnei di?

Pan aiff heddiw'n lliw tua'r gorllewin
y mae inni draeth ym mhen draw'r eithin
lle unwaith yr aethom dros y comin
i godi angor o fôr, ac ar fin
Porth Ceiriad, mae gwydriad gwin – inni'n dau
am mai hafau ddaeth o un Mehefin.

Y Grib

I Carwyn a Mari ar ddydd eu priodas, 3 Rhagfyr 2016

Mae'n fore'r addewidion, mae'r copa'n glir,
Haul isel ar ysgwyddau tal y tir
A'r gobaith gwyn fel eira.

Llaw dros law, mae'r llechwedd yn un serth;
Mae pob blaen bys yn galw am y nerth
Wrth afael yn y ddringfa.

Pob troed yn rhydd ac ar ei silff ei hun
Ond gyda'r pwysau'n pasio o un i un,
Pendilio'n ôl yr angen.

Rhoi boch yr wyneb lle mae wyneb garw
Ar y graig, cael rhaff heb orfod galw
A chariad yn ei dolen.

Mae'n oes o fynd â'r naill a'r llall i fyny;
Mae'r cwlwm weithiau'n rhedeg, weithiau'n tynnu,
Cyn sythu yn yr heulwen.

Y Daith

I Osian a Nia ar ddydd eu priodas, 4 Mehefin 2016

Modrwyo i lawr y dyffryn y mae'r tarth
A'r llanw'n dringo hyd at droed y garth:
Mae'u llwybrau'n croesi'n rhywle.

Y niwl ben bore'n codi'n ara' deg
A'r heli'n gry – arwyddion tywydd teg
Ac mae hi'n braf cydgerdded.

Mae'r wlad agored yn fy nghamau i
A gweld y byd oedd dod o hyd i ti
A phlethu cwrs ein dyddiau.

Mae traethau pell, palmentydd dinas draw
O fewn ein gafael wrth inni afael llaw
A chario bagiau'n gilydd.

Ac wrth i'r lonydd dreulio o dan droed,
Yr hel ynghyd sy'n cadw'r ugain oed
Yn heini yn y galon.

Un sgrepan gaiff cariadon, honno'n llawn
O darth y bore ac o lanw'r pnawn
A cherrig llyfn yr afon.

Cywydd Croeso

I Ŵyl Cerdd Dant Llŷn ac Eifionydd, 2016

Ymhell o dir, mae hiraeth
erioed am delyn o draeth
ac wedi hwrdd, tabwrdd ton,
be'n well na'r hen benillion?
O, am gei, wrth i'r storm gau;
yn y gêl, ble mae'n golau?

Trai gwael yn troi o Gilan,
yr hen gwch yn brin o gân
a'r awydd sydd yn y swel
yw mynd tua'r man tawel,
llywio'n hwyliau'n llawn heli
i afon Erch a'i hafan hi.

Glan-don, ac mi glywn dannau
a gŵyl fawr ac ailfywhau
naws y môr a'i siantis mêl;
o'r tŷ gro, teg yw'r awel
a'r iaith mor dew â'r ewyn
yno'n llond calonnau Llŷn.

Mae inni wlad fel maneg:
Eifionydd y tywydd teg
a Llŷn y moryn llonydd
wedi'r Swnt. Dod adra sydd
wrth alw'n y porth heli
i hel nerth i'n hwyliau ni.

Pentre Du, Pentre Gwyn

Tribannau Beddargraff

Pysgotwr Cimychiaid

> Cordeddodd blaen ei farf-o
> I'r lein, a fynta'n winsio;
> Mae ddwylath yma dan y tir,
> Dair milltir ar ei hyd-o.

Pysgotwr Cimychiaid (o Uwchmynydd)

> Mi gath ei sleisio'n ddarna'
> A'i dorri'n abwyd c'willa
> Am iddo roi'i atgofion o
> Dan logo gwasg y Lolfa.

Dyn Hufen Iâ

> Yn nainti-nain a fflêci
> I'r haul drachefn aeth Toni;
> Pan ddaeth drwy'i whipi'n lŵp-di-lŵp,
> Daeth sgŵp i'r Cornet Wicli.

Argraffydd

> Un crefftus iawn wrth bwytho
> A'i bleser mawr oedd rhwymo;
> Ni charodd lyfr clawr llipa 'rioed –
> Clawr caled roed amdano.

Hen gestyll gwlad

I Jan Morris yn 90 oed, hydref 2016

Dynol ydi castell pan aiff yn hen
a ffwndrus, meddet, cnawd heb fod yn siŵr
a ddylai gadw'n sur neu droi yn glên,
blaidd i'r goron neu un o blant Glyndŵr.
Tywysaist ni at safn y daint pydredig,
sedd y sblander gwag sy'n sgwario uwch
y dibyn, pigaist at y calch crynedig
i ddallt y bendro sydd tu ôl i'r cuwch.
Ac nid oes dianc rhag adfeilion ddoe
na dail yr hydref. Un genhedlaeth 'gawn
i ganfod defnydd eto yn eu sioe
ar ôl i'r barrug godi. Golau'r pnawn,
ac wrth wynebu cof y cerrig cur,
mi baentiwn arnynt borth i fynd drwy'r mur.

Lleiafrif

Y mae, wrth fwrdd y mwyaf lluosog,
    weithiau'r llais sydd isaf
    ei sylw; hwnnw yw'r haf
    y rhoir llaw i'r rhai lleiaf.

Ac nid oes dianc rhag adfeilion ddoe na dârt yr hydref.

Sbargo

I Huw Erith yn drigain, 2 Ionawr 2017

Mae Huw'n daid; i hyn mae'n dod:
bwrw'i drigain yn barod.
Achosodd hyn barchuso'i
gymeriad: dad-Sbargwyd o –
y dweud sydd heno'n deidi
(rhegi llai rhwng craig a lli);
mwy ar y soffa bob mis
a gwanio mae'i sbid Ginis.

Pa wynt teg wrth wên Begw?
Pa Enlli wrth gwtshi-gŵ?
Afallon yr efeilliaid
yn y tŷ yw angor Taid;
ei orwel o ar y lan
yw gorwel Math ac Erwan
ac Enfys ydi'r gwynfyd
fu'n y cwch a'r dwfn cyhyd.
Mae'r Meudwy mwy'n troi o'r môr –
yn y drws 'saif ei drysor.

Ar flaen Llŷn, yntau unwaith
enwai ei thai wrth ei waith –
drwy'i fogal y cynhaliwyd
lliwiau'r enwau; uwch ei rwyd
enwai faen ac ogofâu,
enwai ynys, ffynhonnau,
enwai'r Swnt a'r ystyr sydd
i ffrydiau a pharwydydd:
Llechi Gwyddel, Porth Felen,
Ogo' Goch a'r Garreg Wen.
Rhoddwyd iddo'n wareiddiad:
siarad iaith trysorau'i dad
at ei fyw; mae Huw ei hun
a'i dalent mewn to'n dilyn.

Mewn cewyll a mecryll mae
uniad ei benllinynnau
ond o'r howld daw mwy i'w draeth
na balast a bywoliaeth.
Hiraethu ei drai eithaf
a hwyl wen heulwen ei haf
sy'n nofio'n gyson hefyd
yn nŵr y borth, Pen Draw'r Byd.
Llŷn a'i rhythm sy'n llenwi'i rwyd,
c'willwr y gân nas collwyd;
llawer triban o'r llanw
ddaw ag ewyn arnyn nhw;
mydru y mae i dwrw Meg
a'i rhyddid sy'n rhoi brawddeg
ar frawddeg iddo'n deg; daeth
anadlu'r pum cenhedlaeth
yn wynt i'w hwylbren yntau:
dyna fyd bywyd y bae.
Y parhad sydd mewn cwch pren
yw ei olau a'i Elen
ac uwch oerfel Maen Melyn
mae hi'n Galan llydan Llŷn.

Mae'n wynt a thon; mae'n Ionawr;
teirw'r môr piau'r Tir Mawr,
ond mi wn, dan droed mynydd,
mae'n dal, rhwng gwymon y dydd
a phenllanw garw gwyn
y môr, lygaid meheryn.
Huw Erith, ein myharan,
nid dim ond yn dywod mân,
mân y trown; mae ein Tre Wen
yn ei lle uwch Llanllawen.

Lle gladdwn ni Margaret Thatcher?

Gwanwyn 2013

'Rhowch hi'n y fflamau,' medd glowyr y fro;
'Mae'r cwm am gyfrannu bwcedaid o lo.'

'Rhowch hi mewn blanced,' medd Gwyddel o'r Maze,
'Cyn iddi hi oeri, doedd ynddi ddim gwres.'

'Rhowch hi ar ynys,' medd Paris a Bonn;
'Un gul iawn ei glannau – heb bont – siwtith hon.'

'Neu beth am long ryfel yng ngwaelod y lli?
A meirwon rhy ifanc yn gwmni iddi hi?'

'Rhowch hi mewn seler,' medd Sgowsar o'i go,
'Gyda'r gwirionedd am Hillsborough dan glo.'

'Neu falla ei stwffio a'i rhoi mewn ciw dôl?'
'Rhoi'i llwch dros ros Greenham na ddaw fyth yn ôl?'

'Neu rhowch hi yn wrtaith dan gennin Caerdydd –
Y hi wnaeth y llanast a'n troes yn wlad rydd.'

'Rhoi hon, y wraig haearn,' yw barn Myrddin ap,
'Efo'i thanciau a'i Threident ar gefn lorri sgrap.'

Er cof am anifeiliaid anwes

Colli chdi'r hen gwtsh bach da,
Wendy fy anaconda.

Hedd, Hyfryd Hedd, hebot ti,
Julius fy mharot joli.

Ow'r golled! Caled yw'r co'
am Delyth f'armadilo.

Deunaw Awst

I Lleucu yn 18 oed

>Deunaw Awst, dyna yw hi;
>deunaw'n ysgafn amdani
>fel cotwm haf; pob pafin
>tua'r ffair, yn mentro'r ffin
>yn lle yr hen ganllawiau;
>deunaw oed, a'r stryd yn iau.

Deunaw Awst y codi'n hwyr
a swnian mor ddisynnwyr
yw rhieni: ('Nôbrênyr
yw i mi, Llio a Myr,
gael ystryw rhag gwag lestri!').
Deunaw haf, a'i gwadnu hi.

Deunaw Awst mewn byd nasti
o orfod dod â ffêc I.D.
i gìg a phyb, rhyfygu ffars
a nonsens o flaen bownsars;
wedi'r holl siarad â'r wal –
heno'i lâgyr sy'n lîgal.

Deunaw Awst di-ddod-yn-ôl
a Medi'r adar mudol
yw'r tymor ar y gorwel.
Deunaw oed yw'r oed na wêl
ddeunaw sy'n groesffordd inni,
deunaw haf ein haelwyd ni.

Deunaw ein hanghrediniaeth,
deunaw Awst mor sydyn 'aeth,
deunaw oed ein bedwen ni
a deunaw'r gwraidd odani.
Yn hendref ei chynefin
i'w deunaw Awst, codwn win.

Deunaw Mai

I Owain yn 18 oed

Deunaw Mai, a dyn mwyach
yn y bar yw Owain bach;
y cwpan a gusanai –
dyn mwyn piau'r deunaw Mai;
deunaw'n hen law ar wneud lol
a deunaw'n trafod UNOL.

Cawr yn llanc ar Enlli oedd:
ynyswr o'r hen oesoedd.
Deunaw oed piau'r tost nos
a jig am y ffrij agos
a llyffant galifantio
yn ei lais boreol o.

'Iawn, duwcs!' Mae'r dweud yn un da,
mae i'r dim i'r oed yma.
'Sut oedd y ddarlith?' 'Sut aeth
ail awr yr ysgoloriaeth?'
'Hei! Mae'n hwyr! Mae'r wers am naw!'
'Duw, iawn,' yw geiriau'r deunaw.

Hwn yw'r oed y clywi'n gry
adenydd Mai'n dy dynnu;
er mor lân, lydan yw'r lôn –
deunaw Mai'n dwyn amheuon,
ond â gwên sydd led y giât,
deunaw sy'n gadarn danat.

Ap y tân a'r gapteiniaeth;
Ap y ffrind a'r tripiau ffraeth –
deunaw oed wna'r tad yn wan,
deunaw sy'n dad i'w hunan.
I ddeunaw oed ni ddaw'n ôl
ddawn i'w wneud yn ddeniadol.

Ebenezer Scrooge

I Rhys Ifans, yr Old Vic, gaeaf 2017-18

Dihiryn, llond dihareb – o wenwyn
yw'r dyn; llawn diawlineb;
ond yn Rhys, nid yw'n hir heb
i'r enaid ddod i'r wyneb.

Tribannau Beddargraff

Cyfieithydd

> Yn Holyhead Caergybi
> Ar Salty Way Lôn Heli
> Yn June Mehefin, twdwlŵ –
> Bu farw Euron Berry.

Perchennog Siop Sglodion

> Chwys pys odd' ar ei dalcan
> Ddisgynnodd ar sawl tjipsan;
> Hyn oedd y dagrau'n wêc y dyn –
> Fo'i hun yn dŵad allan.

Swog yng Ngwersyll Glan-llyn

> Derbyniodd alwad natur
> Ar fwrdd y *Brenin Arthur*;
> Pan bwysodd drosodd i gael slash
> Mi gafodd sblash fyrfyfyr.

Trefnydd Eisteddfod

> Roedd traffig eisteddfodol
> Ar ddydd ei ŵyl angladdol,
> Ond ni fu oedi – aed â'i lwyth
> Yn esmwyth mewn hers wennol.

Pentre Du, Pentre Gwyn

Limrigau

Mi ddwedwn wrth ddyn ar ei bedwar
(Pe bawn i'n llai cwrtais a hawddgar)
    Fod cwrw yn iawn
    Ond nid ar y pnawn
Ti'n Llywydd y Cymry ar Wasgar.

Mi glywais ei bod yn orfodol
I rai hen dalyrnwyr ymddeol;
    Mae'r rheswm yn glir:
    Mae'u llinellau nhw'n llawer rhy hir
Ac maen nhw mewn byd yn cael odol.

Mewn tsiecpoint Clawdd Offa'n Wyth Deuddeg,
Huw Leidr o Hafodygarreg
    Hysbysodd y Sais
    Yn groyw ei lais,
'Ni wn i ddim byd am y gwartheg.'

Mae Merched y Wawr yn difaru
Cael noson atgofion am garu:
    Bu Efa Ty'n Pant
    Yn rhestru'i holl blant
A dechrau esbonio pwy ddaru.

Pe bawn i ryw ddydd yn Archdderwydd
Mi gawn, dan fy nghoban, adenydd
    Ac wedi'r traddodi
    Mi faswn i'n codi
A hedfan i nôl yr enillydd.

Haul y gwanwyn

Gwanwyn ddaeth heibio gynnau:
Gwib newydd am ddydd neu ddau.
Gwenau ym Mawrth – ac ŵyn mân
Goeliodd ym Mai a'i Galan.
Gwynt teg a thelynegol,
Gewin aur ar frigau'n ôl;
Golau'r hwyr yn galw'r hen
Gôr oesol i'r geiriosen.
Gyda'i nerth drwy'r gwaed yn iau,
Glasoed yw'r hen ei gleisiau.

Gwanwyn gwyn, ond caed, gan gwaith,
Gwiber ar lwybrau gobaith.

Bwrw pleidlais

Catalwnia, 1 Hydref a 21 Rhagfyr 2017

Rhoi'r groes yw dringo'r grisiau
yn dorf ddi-godi-arfau;
'Ie''n ias drwy'r pleidleisiau.

Nacáu; ail-greu 'Na' y co'
o'r inc sy'n goch gan Franco
yw ateb Castîl eto.

Ond o dan eu pastynau,
y nwy hallt, tynnu gwalltiau
a lludw ar ddilladau,

y dorf ddi-godi-arfau
awr wrth awr sy'n dewrbarhau
i roi'r groes, dringo'r grisiau.

Heneiddio

Mae fy mab yn llym fy mod
yn hen, boring yn barod;
yr wyf yn femrwn-bryfyn
canoloesol, a di-lun
eto fyth â'r Smart TV.
(Rhy od i'w danio'r ydw-i,
idiot rimôt, cloff fy modd –
sigais pan luosogodd
yr un go hawdd i'w drin gynt:
trannoeth roedd tri ohonynt!)
Wyf ap di-Ap (ond hapus),
testun chwerthin crin mewn crys
sgwariau a chroesau gwirion;
SatNav afleraf y lôn.

O ddyn sydd yn ddeinosôr
i'r oes mor 'Waw!' ei thrysor,
yr wyf yn dal i brofi
hen win hoff fy ngwinllan i.

Llwynog Porth Ysgo

Ar allt y môr, rhwng porth traeth du a maen
y ferch, a hithau'n haul Gorffennaf hyd
y gorwel, ar y llwybr clai o 'mlaen,
yn codi a ffaglu mynd o olwg byd,
mi welais Williams Parry. Dim ond lliw
ei gynffon. Ddecllath 'ffwrdd. Tair naid i dro'n
y llethr, ac yna: rhedyn distaw; briw
yr ewyn danom; wal a meini clo.
Mi wyddwn 'fod o'n gr'adur swil. Be wnaeth
i mi gyhoeddi'i enw'n wyllt? Mewn man
mor ddi-ben-draw, y weledigaeth aeth
fel machlud diflanedig hyd y lan.
Ond gwyddwn fod, rhwng pnawn o haf a'r lli,
ddau lygad melyn yn ein dilyn ni.

'Hen ddyn arall'

Meddai'r Cymro, Medi 2018, wrth drafod yr Archdderwydd Etholedig

Na, sgen i'm bol babi dol na thin marathonaidd;
Gall crychau fy nghnawd, yn y dirgel, fod reit doblyronaidd.
Dwi'n dechrau cysidro fy mhendro cyn codi o 'ngwely,
Mapio lle i osod fy nhraed a lle dwi'n anelu.
Mae 'nannedd i'n cracio ddim ond wrth fwyta salami;
Wrth siarad 'fo llances, dwi'n gofyn pwy ydi'i mam hi.
Na phartis pen-blwydd mae'n well gen i angladda' –
Ydw, dwi'n hen ddyn arall, waeth cyfadda.

'Rôl oes wastrafflyd, dwi'n poeni am y blaned;
Wrth ddringo mynydd, ga'i fwy o seibiannau paned;
Gen i fatri'n fy meic ac mae 'nghlyw'n dechrau pylu,
Gen i fat i 'mhilates a ... oes rhaid manylu?
Dwi'n gwrando ar gynghorion fy mhlant (i ryw radda') –
Ydw, dwi'n hen ddyn arall, waeth cyfadda.

Rhwng C'narfon a Ch'fyrddin, dwi'n cwyno am gyflwr y ffyrdd;
Dwi'n dreifio fan ddîsyl, ond yn trio bod yn wyrdd;
Dwi'n ffysi efo fy nghwrw, hyd yn oed –
Dim ond o fragdai i'r gorllewin o'r Lôn Goed;
Dwi'n colli mynadd 'fo llenyddiaeth rhy lenyddol;
At oreiriogrwydd, gen i ddiffyg hoffter cynyddol;
Well gen i weithgor na phwyllgor o seti'n siarad;
Mae is-baneli'n bethau i gael eu gwarad;
Byth ers plannu Afal Enlli, dwi'n nes at Adda –
Ydw, dwi'n hen ddyn arall, waeth cyfadda.

Yn ffan o'r *Post Cyntaf*, dwi'n gweiddi'n fileinig
Pan gawn gan adolygydd benawdau'r eithafwyr Prydeinig.
Gas gen i Imperialwyr Llundain a phob Hitleryn;
Yn Lerpwl dwi'n ordro Penderyn a sblash o Dryweryn;
Yn y Sioe, dwi'n rhythwr blin Iwnion Jacs y neuadda';
Ydw, dwi'n hen ddyn arall, waeth cyfadda.

Dwi'n cofio'n ifanc ddeud na wneith o'm digwydd eto,
Arwisgiad, Welsh Not – ond faswn i'm yn betio;
Drwg, drwg pob gofal cwsmer wrth ganoli,
Drwg, drwg pob llinell gymorth os ti'n holi;
Drwg, drwg y newyddion, er chwysu dros ddegawdau;
Eto heddiw, yr un, yr un hen benawdau.
Dwi rŵan yn daid, ac mi fasa da-da'n dda –
Ydw, dwi'n hen ddyn arall, waeth cyfadda.

Cyfarch Gruffudd

Enillydd y Gadair, Eisteddfod Genedlaethol Caerdydd, 2018

Cenaist gân i aeaf gŵr anllafar
a'i enaid claf ymysg peunod clyfar,
yr un llegach wrth ein sgriniau lliwgar;
ond yna daeth plu dros dŷ a daear,
a chwyd i rannu baich ei war ei hun,
hedyn wrth hedyn, â bwrdd yr adar.

Dros afon Hafren

Y pen, pan syrthiodd y sêr,
A gariwyd dan goron flêr
I'r noson lawen;
Ar bolyn mi aed â'n byd
At boer a chwerthin y stryd
Dros afon Hafren.

Aeth bonedd ac ysgolhaig
I ganlyn Harri a'i ddraig –
Am ddarnau o'r gacen;
Eu cof am hen wlad mor glir
Â'r tarth oedd yn crwydro'r tir
Dros afon Hafren.

Aeth haearn Merthyr, mi wn,
I gyfarthfa fawr y gwn –
I'r bwldog a'i bawen;
Y ni oedd yn dal y to
Pan wagiwyd y graig o'r glo
A'i gario dros Hafren.

Pwy arall 'blaw ni oedd ar fai
Pan aethom o dlodi ein tai
I erfyn elusen?
Aeth y plant o gymoedd Gwent
I diroedd brasach Kent
Dros afon Hafren.

Pan ddaw pobl bell ynghyd
I wneud lle gwell o'r byd,
Mor braf i'r ddeupen
Yw bwa cytbwys, cain
Sy'n croesi cyllell fain
Pob afon Hafren.